VVkids

¡PREPÁRATE Y VIVE SIN MIEDO!

VIRUS

Ilustraciones de Víctor Medina
Textos de Valeria Barattini y Mattia Crivellini

¡Eso es! **MUY BIEN.**
Si no utilizas un **MICROSCOPIO**,
es imposible que me veas...

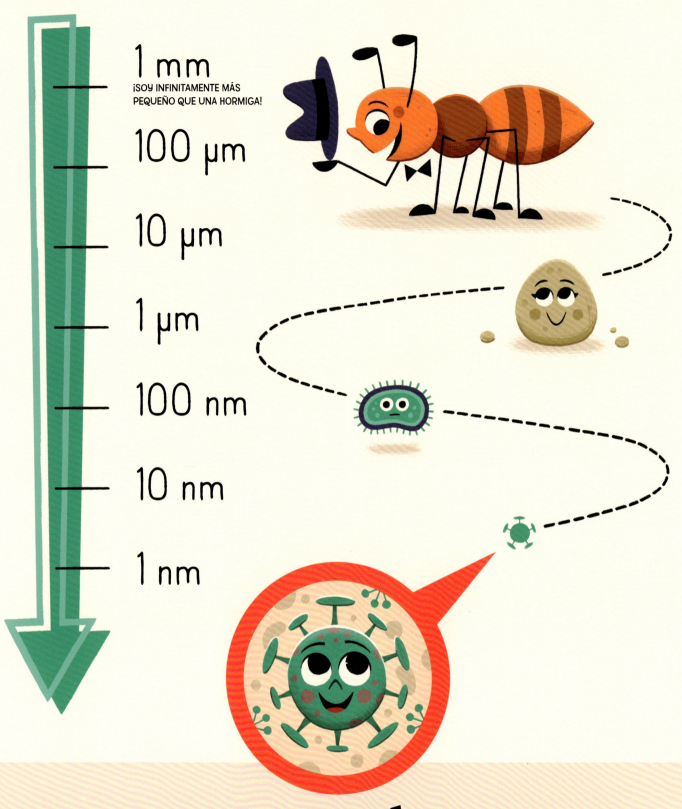

¡Aquí estoy! Me llamo **TOBÍAS** y soy un virus. Soy muuuuuy pequeño, más pequeño que una **hormiga**, una miga de pan o una semilla. ¡Soy más pequeño que la parte más pequeña de tu **cuerpo**!

Nosotros, los virus, somos
muy **distintos** a los humanos.

No dormimos, no hacemos deberes
y ni siquiera vamos al baño...

Somos **pegajosos**, por naturaleza,

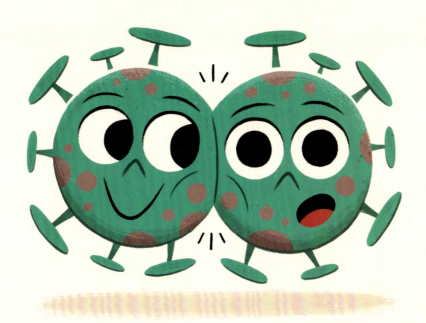

nos encanta **viajar**

y nadie nos gana cuando jugamos al **escondite**.

¡En la Tierra existen **trillones** de virus! Hay casi tantos como estrellas en el cielo. Estamos por todas partes:

en los **OCÉANOS** más profundos,

en el hielo polar, en las **SELVAS**,

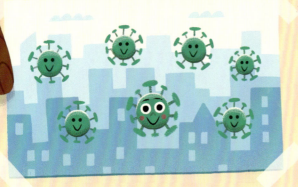

en las **CIUDADES**... ¡e incluso en tu cuerpo!

Deja que te presente a mi familia:
¡los **Coronavirus**!
Yo soy el más pequeño de todos.

Nuestro apellido suena gracioso, ¿verdad?
Nos llamamos así porque tenemos en
el cuerpo unas **PUNTAS** muy características
en forma de **CORONA**.

Puede que los virus seamos pequeños, ¡pero sabemos dejar huella! Podemos causar muchas **ENFERMEDADES** distintas a los humanos. Cada familia de virus tiene su propia **especialidad**.

He aquí unos cuantos ejemplos...

Mi primo **RHINOVIRUS** provoca los **resfriados,**

mi vecino **ROTAVIRUS** hace que te duela la **tripa**...

y mi amigo **HERPES** causa **erupciones en la piel.**

Los virus y los seres humanos siempre hemos habitado juntos en la **Tierra**, aunque la convivencia a veces no resulta fácil. Los virus tendemos a complicar la vida de las personas y causamos **PROBLEMAS** como las **pandemias**.

Hablamos de **pandemia** cuando una infección vírica se propaga en poco tiempo por todo el **mundo** y afecta a muchísimas personas, como ocurrió, por ejemplo, con la **viruela** o con la oleada de **gripe** de 1918...

¿CÓMO CREAMOS LAS PANDEMIAS?

¡Es fácil! Tenemos un superpoder: hacemos copias de nosotros mismos y nos multiplicamos muy deprisa. A los virus no nos gusta nada estar solos...

Adoramos la **COMPAÑÍA** de todo el mundo: animales, plantas y humanos. ¡Somos muy pero que muy sociables!

Yo mismo, al principio, era muy amigo de algunos **ANIMALES** que viven en los bosques de **China**, pero otros virus prefieren estar con animales que habitan en los desiertos o en las granjas.

Aun así, a veces nos aburrimos...

Anhelamos viajar por todo el mundo
y hacer nuevos amigos.

Una vez, me topé por casualidad
con algunos humanos como tú y...
¡Patapum!

Di el gran salto y decidí pasar
un tiempo con **VOSOTROS**.

Tengo que decir que sois una compañía
P-E-R-F-E-C-T-A para viajar
y conocer mundo...

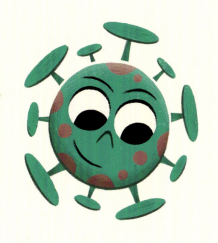

¿CÓMO ES POSIBLE QUE PODAMOS LLEGAR TAN LEJOS?

¡Es gracias a ti!

Sí, sí, lo has oído bien. Nosotros no nos desplazamos en avión, ni en coche, ni en bicicleta... ¡sino con las personas!

Gracias a vosotros, nos propagamos mejor: podemos **circular** a una mayor velocidad y llegamos hasta los lugares más recónditos.

Yo, por ejemplo, me cuelo por la **NARIZ** de los humanos, esquivando pelos y moco… y, **¡fiu!**, me deslizo sigilosamente hasta los **PULMONES**. A veces, lo reconozco, causo graves daños.

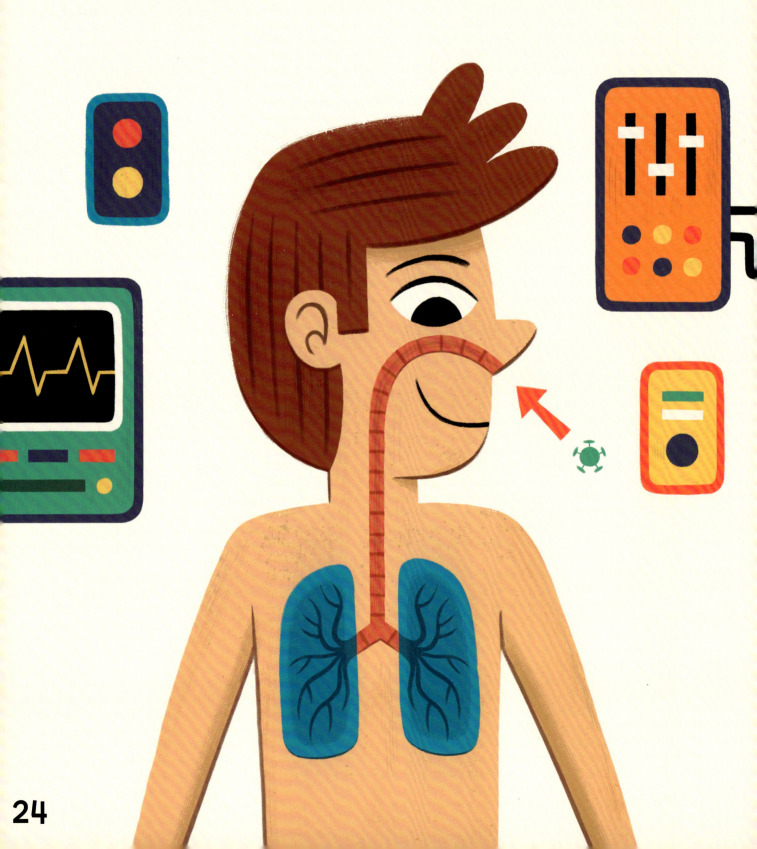

Por lo general hago que la gente se sienta enferma durante unos pocos días, ¡pero otras veces puedo llegar a ser muy **peligroso**!

Si quiero cambiar de compañía y proseguir mi viaje, solo necesito un
A... A... ¡ACHÍS!
para empezar a volar.

Los ataques de **tos** también funcionan muy bien, pero con los estornudos...
¡BRRUUUUM!, salgo disparado como si viajara en un coche de carreras.

¡Soy tan fuerte y veloz que ya he recorrido el mundo entero! Los humanos, para frenar a mis parientes, utilizáis **medicinas**. Pero yo soy nuevo y los médicos aún no me conocen bien.

¡Hay muchísimos científicos que trabajan para encontrar una **vacuna** capaz de detenerme!

La vacuna es un arma terrorífica descubierta hace tiempo por vosotros los humanos. Sirve para reducir, o incluso para **frenar** del todo, la propagación de ciertas enfermedades. ¿Sabes **cómo funciona**? Mediante una inyección, se introducen en el cuerpo pequeñas cantidades de uno de nosotros, es decir, del virus al que se pretende combatir. Y después...

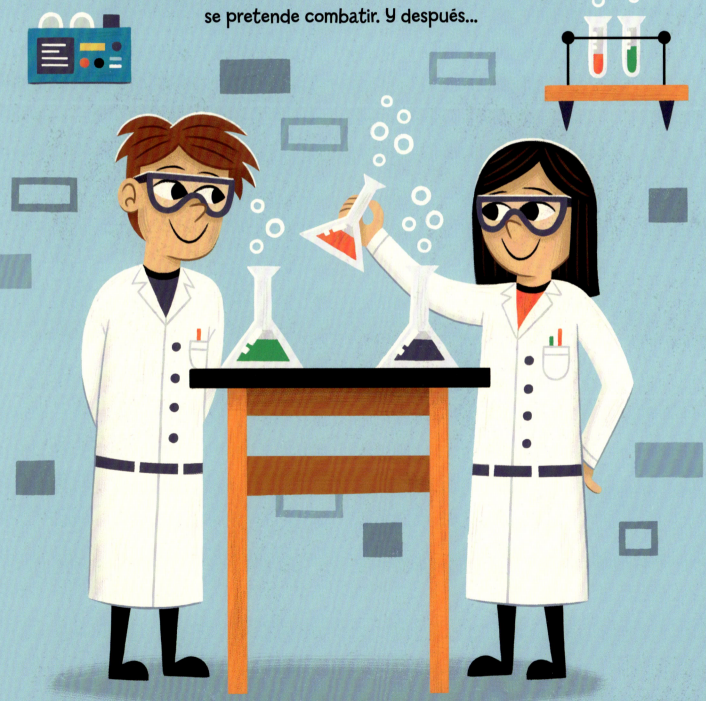

Las **defensas** del organismo, muy superiores en número, ¡se **entrenan** para combatirnos sin correr demasiado riesgo!

En mi opinión, vuestra forma de actuar es poco elegante y deportiva, **¡pero admito que funciona!**

¡SNIF!
Aun así, tengo que decirte algo...

Hoy en día ya existe una forma
de volverme **más lento**
y evitar que siga contagiando
a tantas personas.

Quédate en casa, aunque tengas que pasar un tiempo sin jugar con tus amigos.

Así contribuirás a evitar que los virus circulemos libremente.

Este es, también, el motivo por el que no has podido acudir a la **escuela** durante tanto tiempo...

Me escondo tan bien que a veces los humanos no se dan cuenta de que estoy en su cuerpo y, sin saberlo, me llevan a todas partes. De este modo, ¡consigo **infectar** a muchas más personas!

Los científicos han sugerido algunas normas para que estéis más protegidos...

Si todos las respetáis, contribuiréis a impedir que los virus sigamos viajando.

1 - Lávate las manos a menudo con agua y jabón.

2 - No te metas los dedos en la boca.

3 - No te metas el dedo en la nariz (¡Esto no deberías hacerlo nunca!).

4 - No te limpies la nariz con las manos. Utiliza siempre un pañuelo...

5 - ... y después, tíralo a la basura.

6 - No te frotes los ojos (¡el virus puede entrar también por ahí!).

7 - Si toses o estornudas, cúbrete la boca y la nariz con el antebrazo o con un pañuelo.

8 - Cuando te encuentres con otras personas, mantén la distancia de seguridad.

En muchos casos, para detener las pequeñas gotas que exhalamos y que podrían ser portadoras de virus, será necesario emplear una **mascarilla**. **SI SIGUES ESTAS NORMAS, ¡VERÁS COMO TODO SALE BIEN!**

¡Hum! Vosotros los humanos sois tipos listos, ¡lo supe desde el principio!

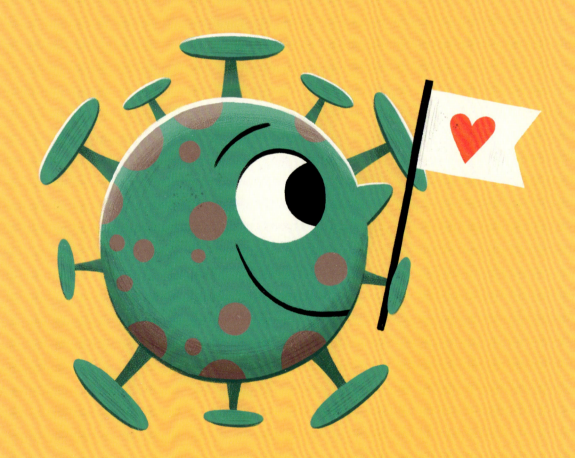

Los virus somos muy hábiles a la hora de transformarnos, mutar, saltar y escondernos, pero vosotros, con vuestro **conocimiento** y vuestra **imaginación**, sois capaces de cambiar cualquier realidad y crear un **MUNDO MEJOR**.

Tobías,
el virus obstinado.

A Carlo Urbani, Li Wenliang
y a todos los médicos
que han velado por nuestra salud
durante las epidemias.

Valeria Barattini cursó un máster en Gestión de Actividades Artísticas y Culturales en la Universidad Ca'Foscari de Venecia y otro máster en Programación de Actividades Educativas para Museos en la Universidad Roma Tre. Actualmente se dedica a la planificación de contenidos didácticos y culturales. Desde 2015 colabora con *Fosforo*, organizando actividades relacionadas con la divulgación científica y la formación no reglada.

Mattia Crivellini se licenció en Informática en la Universidad de Bolonia y estudió Ciencias Cognitivas en la Universidad de Indiana, en Estados Unidos. Desde 2011 dirige *Fosforo*, el festival de ciencias de Senigallia (Ancona), y se dedica a organizar actividades y conferencias relacionadas con la difusión de la ciencia tanto en Italia como en el exterior, a través de la asociación cultural NEXT.

Víctor Medina se licenció en Diseño Gráfico en la Universidad Complutense de Madrid, ciudad en la que actualmente trabaja como ilustrador autónomo. Sus ilustraciones combinan el uso de la geometría y el color con notables influencias del *art déco*, el arte victoriano y el diseño y la ilustración de la década de los cincuenta. El primer libro de ilustraciones del autor, *Puertos*, ganó el premio de Artes Aplicadas *Young Blood* y el premio *Crítica Serra d'Or*.

VVKids

La edición original de este libro ha sido creada y publicada por
White Star, s.r.l. Piazzale Luigi Cadorna, 6. 20123 Milan-Italy.
www.whitestar.it

White Star Kids® es una marca registrada propiedad de White Star s.r.l.
© 2021 White Star s.r.l.
© 2021 EDITORIAL VICENS VIVES, S.A. Sobre esta edición.

Depósito Legal: B. 19.402-LXIII
ISBN: 978-84-682-4500-3
N° de Orden V.V.: PE92

Reservados todos los derechos. Prohibida la reproducción total o parcial.

Traducción española de Elena Carbonell.

DISEÑO GRÁFICO
VALENTINA FIGUS